AF463427

MINISTÈRE DES TRAVAUX PUBLICS

COURS D'EAU NON NAVIGABLES

CODE DE POLICE

Du Ruisseau de Dannes

RÉGLEMENTATION

1877

MONTREUIL-SUR-MER
Imprimerie Typographique & Lithographique
DE JULES BECQUART
ÉDITEUR DU *JOURNAL DE MONTREUIL*, GRANDE-RUE 88.

MINISTÈRE DES TRAVAUX PUBLICS

COURS D'EAU NON NAVIGABLES

CODE DE POLICE

Du Ruisseau de Dannes

Entretien, Curage et Endiguement du Ruisseau, Irrigation des Prairies et Plantations des Dunes.

RÉGLEMENTATION

MONTREUIL-SUR-MER
Imprimerie Typographique & Lithographique de
JULES BECQUART
ÉDITEUR DU *JOURNAL DE MONTREUIL*, GRANDE-RUE 88.

SENTENCE PARTICULIÈRE DE LA MAITRISE

DES EAUX-ET-FORÊTS

DU BOULONNAIS

En Date du 23 Mars 1771

Entre le Procureur du Roi de la Maîtrise et les Corps et Communautés de Camiers et de Dannes.

A tous ceux que ces présentes lettres verront :

Michel-Augustin-Joseph-Charles **CLÉRY, seigneur de Bécourt et Dignopré,** conseiller du Roi, maître particulier en la Maîtrise des **Eaux-et-Forêts du Boulonnais, Salut.**

En traitant de la cause d'entre le Procureur du Roi de ce siège, demandeur ;

Contre les corps et communautés des habitants de Camiers et de Dannes, défendeurs ;

Parties ouïes par le Procureur du Roi en personne ; Me Peincedé, procureur de ladite communauté de Camiers et Me Bonnet, procureur de celle de Dannes ;

Lecture faite de la requête à nous présentée le 13 octobre 1770, par ledit Procureur du Roi, tendant à ce qu'il nous plût lui permettre de faire appeler lesdites communautés de Dannes et de Camiers, au domicile de leurs syndics,

Pour dire que les bordiers dudit ruisseau seraient tenus de le curer dans toute sa longueur, depuis la sortie du village de Dannes jusqu'à son entrée dans l'Étang de Camiers, sans néanmoins nuire à celui qui conduit une partie des eaux dans le réservoir dudit étang, lequel subsistera en la manière actuelle à la charge toutefois de faire réserver les eaux dudit réservoir dans ledit étang et non autrement, à peine de privation et de suppression dudit ruisseau (que la communauté de Camiers serait tenue de faire creuser suffisamment le lit dudit ruisseau, en sortant de l'étang dudit lieu et dans la direction actuelle, pour conduire les eaux dudit ruisseau à la mer, à travers les sables les plus voisins le long des terres) ;

Que lesdits curements se feront à l'avenir tous les ans et même toutes les fois que les bordiers en seront requis, à peine de *vingt livres* d'amende, pour qu'aux frais communs des deux paroisses il serait fait un fascinage revêtu de gazons sur la rive droite dudit ruisseau du côté de la mer, depuis le commencement du plateau Aubin jusqu'au fossé qui sépare le pré du *Garennier*, d'avec ledit plateau Aubin, ce qui porte environ 80 toises de longueur, comme aussi que lesdits bordiers seront tenus de redresser ledit ruisseau autant que faire se pourra et effacer les coudes qui s'opposent au passage des eaux ;

Que les blanchisseurs de toiles ne pourront prendre les eaux dudit ruisseau depuis six heures du matin jusqu'à six heures du soir, et par le moyen d'un tuyau en bois qui aura son embouchure dans ledit ruisseau et qu'ils seront tenus de faire fermer pendant tout le temps que l'usage de l'eau leur est interdit, et de *vingt livres* d'amende pour la première fois, et de privation et de pareille amende pour la récidive;

Que toutes les dispositions ci-dessus seraient exécutées dans les deux mois de notre sentence à intervenir, à peine d'amende;

Que par rapport au flottage des prés qui bordent ledit ruisseau, il sera fait de la manière suivante :

1° Il ne pourra en aucune manière avoir lieu pour ceux qui, après avoir fait flotter leurs prés, ne pourraient ramener les eaux audit ruisseau ;

2° Ceux qui feront flotter leurs prés, seront tenus de ramener les eaux audit ruisseau, à peine de *vingt livres* d'amende pour la première fois, et de pareille somme et de privation en cas de récidive;

3° Que le nombre des prés sera divisé en deux parties ;

En conséquence que les nommés Wadoux, occupeurs chacun des deux journaux de pré ou environ; Pierre Remy, occupeur de cinq journaux ; Cyprien Quandalle, occupeur de trois mesures ; Fourmanoir, d'un journal ; ledit Cyprien Quandalle, occupeur de trois journaux, et Correux, occupeur aussi de trois journaux, pourront seuls prendre les eaux pendant la première huitaine qui commencera du jour qui aura été arrêté entre eux, non pas à la pluralité des voix, mais à la quantité de terrain par eux possédée;

Que pendant la deuxième huitaine, ledit Cyprien Quandalle, occupeur de onze journaux, et enfin de deux autres journaux, aura seul l'usage desdites eaux, à peine de *vingt livres* d'amende contre les contrevenants, dont la moitié appartiendra au garde ;

Ordonner en outre que nos sentences des 6 février 1734 et 9 janvier 1759, pour ce qui concerne les oyats, seront exécutées selon leur forme et teneur.

Et pour mieux assurer l'entière exécution de tout ce que dessus :

Ordonner par nous ou autres officiers, il sera, chaque année, procédé à la visite dudit ruisseau, de laquelle il serait dressé procès-verbal pour nous être communiqué.

Enfin ordonner que notre sentence à intervenir serait provisoirement exécutée nonobstant et sans préjudice de l'appel. En satisfaisant à l'ordonnance de notre ordonnance au bas de ladite requête du même jour par Lepreux.

Lecture aussi faite des sentences reprises et datées, en ladite requête, de l'original des assignations données aux syndics des paroisses de Dannes et de Camiers, par exploit de Dubuisson, du 17, contrôlé en cette ville le même jour, pour voir adjuger les conclusions de ladite requête, des présentations respectivement faites par les procureurs des parties le 20.

Lecture aussi faite de notre sentence du 13 janvier 1770, par laquelle nous aurions ordonné qu'il serait procédé en présence du Procureur du Roi de ce siège et les deux communautés appelées à la visite dudit ruisseau, de notre procès-verbal de visite fait en conséquence, le 23 juin suivant, et enfin de la sommation du 21 de ce mois, pour venir plaider aujourd'hui,

Nous, faisant droit sur les conclusions prises par ledit Procureur du Roi, tant en sa requête du 13 octobre dernier, que judiciairement.

Disons, que les bordiers dudit ruisseau seront tenus de le curer dans toute sa longueur depuis la sortie du village dudit Dannes jusqu'à son entrée dans l'étang dudit Camiers, sans néanmoins nuire à celui qui conduit une partie des eaux dans le réservoir dudit étang, lequel subsistera en la manière actuelle, à la charge toutefois de faire réserver les eaux dudit réservoir dans ledit étang et non autrement à peine de privation et de suppression dudit ruisseau (que ladite communauté de Camiers sera tenue de faire creuser suffisamment le lit dudit ruisseau, en sortant de l'étang dudit lieu et dans la direction actuelle, pour conduire les eaux dudit ruisseau à la mer, à travers les sables les plus voisins le long des terres);

Que lesdits curements se feront à l'avenir tous les ans et même toutes les fois que les bordiers en seront requis, à peine de *vingt livres* d'amende contre les refusants ;

Qu'aux frais communs des deux paroisses, il sera fait un fascinage revêtu de gazons sur la rive dudit ruisseau, du côté de la mer, depuis le commencement dudit platon Aubin jusqu'au fossé qui sépare le pré du *Garennier* d'avec ledit platon Aubin, ce qui porte environ 80 toises de longueur ; comme aussi que lesdits bordiers seront tenus de redresser ledit ruisseau autant que faire se pourra et effacer les coudes qui s'opposent au passage des eaux.

Que les blanchisseurs de toiles ne pourront prendre les eaux dudit ruisseau que depuis six heures du matin jusqu'à six heures du soir, par le moyen d'un tuyau en bois qui aura son embouchure dans ledit ruisseau, et qu'ils seront tenus de fermer pendant tout le temps que l'usage de l'eau leur est interdit, sous peine de *vingt livres* d'amende pour la première fois, et de privation et de pareille amende pour la récidive ;

Que toutes les dispositions ci-dessus seront exécutées dans les deux mois, à compter du jour de la signification qui sera faite aux syndics de chacune desdites communautés et de sa publication à la sortie des messes paroissiales desdits lieux, à peine d'amende contre les dites communautés et les particuliers refusants ;

Que ; par rapport au flottage des prés qui bordent ledit ruisseau, il sera fait de la manière suivante :

1° Il ne pourra en aucune manière avoir lieu pour ceux qui, après avoir fait flotter leurs prés, ne pourraient ramener les eaux audit ruisseau ;

2° Ceux qui feront flotter leurs prés seront tenus de ramener les eaux audit ruisseau, à peine de *vingt livres* d'amende pour la première fois, et de pareille somme et de privation de flottage en cas de récidive ;

3° Que le nombre des prés sera divisé en deux parties ;

En conséquence que les nommés Wadoux, occupeurs chacun de deux journaux environ de pré ; Pierre Remy, occupeur de cinq journaux ; Cyprien Quandalle, occupeur de trois mesures d'une part, et de trois journaux d'autre part ; Fourmanoir, d'un journal, Françoise Correux, occupeur aussi de trois à quatre journaux ; le sieur Curé de Neufchâtel, de six à huit journaux, Baptiste et Nicolas Caffiers, chacun de deux journaux, et la veuve Duminy, aussi occupeuse de deux journaux, pourront seuls prendre les eaux pendant la première huitaine qui commencera du jour qui aura été arrêté entre eux, dans une assemblée tenue à cet effet à la pluralité des voix, eu égard à la quantité de terrain par eux possédée.

Qu'ensuite de ladite huitaine, ledit Cyprien Quandalle, occupeur de onze journaux d'autres prés, d'une part, et deux journaux d'autre part, aura seul l'usage desdites eaux pendant six jours, le tout à peine de *vingt livres* d'amende contre les contrevenants, dont la moitié, ainsi que des autres amendes, appartiendra aux gardes de Camiers et de Dannes, lesquels feront leur exercice et fonctions sur lesdites deux paroisses de Dannes et de Camiers (1) ;

Ordonnons en outre que nos sentences des 6 février 1734 et 9 janvier 1759 pour ce qui concerne les oyats, seront exécutées selon leur forme et teneur, et que, pour assurer l'entière exécution de tout ce que dessus,

Ordonnons que, dans deux mois, à compter de la publication de la présente sentence, sera, par nous, procédé à la visite et reconnaissance des opérations ci-dessus ordonnées, comme aussi que chaque année il sera pareillement, par nous, procédé à la visite dudit ruisseau de laquelle il sera dressé procès-verbal.

Et sera notre première sentence exécutée provisoirement, nonobstant et sans préjudice de l'appel, attendu qu'il s'agit de police et de l'intérêt public, lue et affichée à la porte des églises desdites deux paroisses.

Mandons au premier huissier ou au sergent royal sur ce requis, de mettre ces présentes à exécution ; de ce faire donnons pouvoir.

Donné et expédié à Boulogne-sur-Mer, sous le scel royal de la Maîtrise des Eaux-et-Forêts du Boulonnais, par Nous François Cannet, conseiller du Roi, lieutenant de la dite Maîtrise à Boulogne-sur-Mer, y tenant le siége, le vingt-troisième jour de mars mil sept cent soixante-et-onze.

Signé : CARON.

Scellé et émolumenté à Boulogne, le cinq avril 1771, gratis.

Signé : LEPREUX.

Le 5 avril 1771, signifié et laissé copie de la présente sentence auxdits MM[es] Peincedé et Bonnet, Procureurs, ce par moi huissier soussigné.

Signé : DUBUISSON.

---

(1) D'où il suit que le garde-champêtre de Camiers peut constater les contraventions sur Dannes et que celui de Dannes a le même pouvoir sur le territoire de Camiers.

SENTENCE

De la Maîtrise Particulière

DES

EAUX ET FORÊTS DU BOULONNAIS

En Date du 17 Mai 1788

De par le Roi,

A tous ceux que ces présentes lettres verront : SALUT.

Jacques-François-Antoine-Pierre BLANQUART De La BARRIÈRE, Ecuyer, Conseiller du Roi, Maître particulier des Eaux-et-Forêts du Boulonnais,

Vu la sentence par nous rendue le 7 avril 1787, sur la requête présentée par le sieur François-Marie-Omer de Patras, Chevalier, seigneur de Campaigno, Séneschal du Boulonnais, demeurant au Pont-de-Briques ; — Et les sieurs Jean-François Correux ; Pierre Prévot ; Pierre Wacogne ; Jacques Olart ; Delgove ; François Morel ; Pierre Remy et Jacques Caffiers, propriétaires et laboureurs, demeurant à Dannes et à Camiers ; — par laquelle nous avons ordonné qu'on se transporterait audit Dannes, à l'effet de visiter le ruisseau dudit lieu jusqu'à Camiers ; les terrains adjacents, ainsi que la plaine des *Hupetas*, qui sera par les sieurs Brouta, arpenteur et Sire, dessinateur-géographe et serment prêté à la manière accoutumée, il serait levé un plan dudit lieu et nivellement dudit ruisseau, de quoi ils dresseraient procès-verbal selon qu'ils estimeront le plus convenable, tant par rapport audit ruisseau, qu'à la dite plaine, pour éviter la ruine des terres par les sables, à l'effet de quoi seraient assignés au nom collectif de notre requête, les habitants des paroisses de Dannes et de Camiers, à l'issue des messes paroissiales desdits lieux, pour assister au procès-verbal desdites visites et y faire les dires et observations qu'ils aviseront bon être ; pour, après lesdites visites et le rapport de Broutta et Sire, convoquer au Procureur du Roi, par lui requis, et par Nous ordonner ce qu'il appartiendra lesdites sentences scellées, le procès-verbal de prestation de serment desdits Broutta et Sire, du 14 du même mois ; de la lecture par publication et affiches de ladite sentence faite le dimanche 15 du même mois à l'issue des messes paroissiales de Dannes et de Camiers par Berstre, duement contrôlé ; avec assignation aux habitants de se trouver le lendemain de ladite visite, y faire leurs observations au procès-verbal de sentence sur les lieux, dressé par Broutta et Sire le 16, et affirmé le même jour devant Nous et contrôlé ; ensemble, le plan joint audit rapport et les conclusions du Procureur du Roi,

Nous Ordonnons : 1° Que le cours du ruisseau de Dannes sera maintenu dans sa direction actuelle depuis le moulin du lieu jusqu'à l'étang du Roi à Camiers ;

2° Que, pour empêcher les eaux de ce ruisseau de croupir dans les terres de quelques particuliers et pour les faire servir avec plus d'avantage à l'irrigation des prés des deux paroisses, tous les propriétaires et occupeurs des terres qui bordent ledit ruisseau du côté d'Orient, à commencer par le jardin du presbytère à Dannes, au-dessous du cimetière, jusqu'à l'étang du Roi à Camiers, seront tenus, chacun au droit soi, de curer et entretenir ledit ruisseau et de faire des digues le long de leurs prés. — A l'égard des propriétaires, occupeurs des terres et garennes à l'Occident dudit ruisseau, leur ordonnons pareillement de le curer et de faire des digues, chacun au droit de soi, sauf que le sieur Campaigno et le seigneur duc Dayen, ne seront tenus qu'au curement du ruisseau le long de leurs garennes, attendu l'impossibilité de lever des digues dans les sables desdites garennes ;

3° Ordonnons que le susdit ruisseau sera curé et des digues établies par les riverains de chaque côté, dans la quinzaine de la publication et signification des présentes, à l'issue des messes paroissiales des deux paroisses, de manière que le lit du ruisseau ait partout *deux pieds* de profondeur et *dix pieds* de largeur, à peine de *cinquante livres* d'amende pour les contrevenants et d'y être mis des ouvriers à leurs frais, sur la réquisition du Procureur du Roi et des parties intéressées.

4° Ordonnons auxdits riverains d'entretenir en tout temps leurs digues en bon état et de maintenir le lit du ruisseau dans la largeur et profondeur ordonnées, sous la même peine.

5° Enjoignons aux gardes des communautés de Dannes et de Camiers de veiller exactement au curement, à la conservation et à l'entretien des digues dont s'agit ; d'empêcher que eaux ne les passent pardessus les digues et de nous faire un rapport de toutes les contraventions à l'exécution des présentes, pour être poursuivies selon l'exigence des cas ;

6° Ordonnons, qu'à la diligence du syndic de Camiers, les habitants dudit lieu seront tenus de curer et entretenir avec soin le cours ordinaire du ruisseau à la sortie de l'étang du Roi ; enjoignons au garde d'y tenir la main et nous faire son rapport en cas de négligence ;

7° Pour préserver d'inondation les habitants dudit village et contribuer en même temps à l'écoulement des eaux ; ordonnons que le fossé qui existe à la sortie dudit étang sera entretenu en état suffisant par ladite communauté, à l'effet de procurer l'écoulement d'une partie des eaux de l'étang du Roi à la mer.

8° Pour empêcher que le ruisseau de Dannes soit comblé par les sables qui le bordent depuis le platon Aubin, jusqu'à l'endroit de séparation de la garenne du seigneur duc Dayen, ordonnons que dans le mois de novembre prochain, il sera planté des oyats en cette partie ;

moitié aux frais dudit lieu, moitié aux frais du sieur de Campaigno, à l'effet de quoi lesdits sieur de Campaigno et le syndic de la communauté prendront les mesures convenables pour exécuter ladite plantation ;

9° Défendons à toutes personnes de couper ou arracher lesdits oyats, ainsi que ceux existant sur les garennes de Dannes et de Camiers, à peine de trois cents livres d'amende (300 fr.) ; ordonnons d'y veiller à leur conservation ;

10° En ce qui concerne l'irrigation des prés, nous ordonnons qu'il y aura lieu de flotter de huitaine en huitaine, entre les habitants de Dannes et de Camiers ;

11° Tous les prés du territoire de Dannes qui bordent le ruisseau, ainsi que le pré du sieur Delaporte qui est en partie sur le territoire de Dannes et en partie sur celui de Camiers et le pré d'environ *quatre mesures* appartenant au sieur duc Dayen et le pré d'environ *trois mesures* au sieur Deguimy, profiteront des eaux du ruisseau pendant la première huitaine qui commencera au premier mars et ils flotteront tous en même temps, à moins que les propriétaires desdits prés ne conviennent autrement pendant la même huitaine. Le sieur de Campaigno ou ses fermiers pourront prendre de l'eau dans le ruisseau au moyen de quatre *busets* en bois de *deux pouces* de diamètre (1), pour faire flotter le platon Aubin et de les tenir fermés après le temps du flottage ; la portion d'eau qui servira à l'irrigation du platon Aubin sera employée à la sortie dudit pré au blanchissage de toiles ;

12° Lorsque le platon Aubin ne flottera plus, les blanchisseurs de toiles prendront de l'eau dans le ruisseau par des dalots en bois ; leur faisons défense de laisser couler à la mer, les eaux qu'ils tireront directement du ruisseau ; leur ordonnons au contraire de tenir les

---

(1). Ce mode de *buses* est celui qui doit être généralement adopté, car il a l'avantage d'assurer et le bon état des endiguements et de plus un mode de répartition plus égal pour les riverains ; car les prises d'eau détruisant la digue, sont autant de contraventions aux réglements qui exigent formellement que ces digues seront maintenues en bon état. (Art. 4).

On évitera de grandes réparations en établissant les prises d'eau uniformes et les premiers propriétaires n'absorberont pas toute l'eau au détriment des propriétés suivantes. D'un autre côté les dimensions indiquées ici sont à conserver ; l'on se servira de buses en bois ou en poterie de six à sept centimètres de côté ou de diamètre et dont la portion supérieure de l'orifice sera à 0m 10 centimètres en contre-bas du niveau moyen des eaux.

Les riverains se réuniront en syndicat sur la convocation d'un des leurs, pour déterminer le nombre de buses que chacun d'eux aura le droit de placer, non à la pluralité des voix, mais en tenant compte de la quantité de terrain occupée par chacun d'eux.

La délibération, signée et acceptée des intéressés, sera déposée aux archives de la mairie et recevra son exécution immédiatement, nonobstant appel devant l'autorité préfectorale.

Tout manquement aux conventions établies donnera droit à une revendication en dommages-intérêts en faveur des propriétaires lésés.

Les réglements portent que, sauf les exceptions y mentionnées, nul n'a le droit de disposer des eaux du ruisseau, même pour l'agriculture, s'il ne peut remettre ces eaux à leur cours naturel. Ceux des riverains qui ne se trouveraient pas dans les conditions voulues devront nécessairement faire preuve de bonne volonté dans les arrangements à intervenir.

fossés fermés à l'extrêmité occidentale et de fermer leurs *busets* lorsque leurs fossés seront pleins, en sorte que les eaux ne se perdent pas.

13° Les propriétaires des prés de Camiers depuis le pré de Fourmanoir contigu à celui du sieur Deguimy, jusqu'à l'étang du Roi, profiteront des eaux dudit ruisseau pendant la deuxième huitaine du 9 mars (1) et ils flotteront tous à la fois, à moins qu'ils ne préfèrent, d'un commun accord, de faire quelqu'autre arrangement entre eux. Ordonnons au garde d'y tenir la main et de veiller à ce que les uns ne retiennent les eaux au préjudice des autres.

14° Autorisons le seigneur, duc Dayen, ou ses fermiers à se servir de la rigole pratiquée depuis quatre ans dans la garenne, pour faire flotter son pré à la charge de faire retomber les eaux dans l'étang Delgove appartenant au sieur duc Dayen; l'autorisons en outre, de commencer ladite rigole et d'y faire couler un *filet d'eau* aux pieds des sables qui dominent son pré, depuis le mois de septembre jusqu'à la fin du mois de février, à l'effet d'empêcher les progrès desdits sables, à la charge, aussi, de faire retomber l'eau dans le ruisseau ou dans l'étang du roi.

15° L'ancien pré d'Antoine Marlois, de Jacques Gosselin-Louchet, Pierre Manier et Quandalle ; et de là sur Nicolas et Jacques Manier dit Langenoit, et des enfants de Jean Pochet, jusqu'à l'étang du roi à Camiers, sur quelle partie il se trouve un ruisseau de décharge (2), pour l'écoulement et la décharge des eaux qui servent à l'irrigation des prés, ce canton sera entretenu par les riverains sus-nommés, chacun au droit de soi, et le rendront en bon état dans la quinzaine de la publication des présentes. Enjoignons au garde d'y tenir la main et de nous faire un rapport en cas de négligence.

Et sera, notre présente sentence, exécutée nonobstant opposition et appellation quelconque et sans préjudice, s'agissant de fait de police et d'intérêt public.

Fait à la Chambre du Conseil par Nous, JACQUET-FRANÇOIS-ANTOINE-PIERRE BLANQUART DE LA BARRIÈRE, Écuyer, Conseiller du Roi, Maître particulier des Eaux-et-Forêts du Boulonnais.

Boulogne, le 17 Mai 1788. *Signé :* CARON & SIRE.

---

(1) On remarquera que le mot *huitaine* a ici été pris dans son sens le plus large, et que le législateur a écarté de sa pensée le mot *semaine* ; or, on dit *huitaine, dizaine et quinzaine* et on en compte quatre trois ou deux par mois, que ceux-ci aient 28, 29, 30 ou 31 jours.

Dans l'espèce, les prairies de Dannes seraient irriguées pendant la première et la troisième huitaine ; celles de Camiers pendant la deuxième et la dernière huitaine.

De façon à connaître sans travail et sans calculs, les reprises périodiques, celles-ci doivent avoir lieu les 8, 16, 24 et 1ers de chaque mois jusqu'au 15 juillet de chaque année, époque à laquelle cesse le flottage dans le but de donner aux riverains la faculté de récolter leurs foins.

L'heure de midi convient, parcequ'elle peut être scrupuleusement observée et plus facilement vérifiée.

Pour ce qui concerne les rapports entre Dannes et Camiers, les riverains de Dannes fermeront les prises d'eaux à midi ou avant, et les riverains de Camiers ouvriront les leurs à une heure de l'après-midi ou après, de façon qu'il y aura au moins une heure d'intervalle entre les deux opérations. Par ce moyen les riverains de Camiers *flotteront tous à la fois,* comme l'exige l'article 13, lorsqu'il n'existe pas de conventions contraires.

(2) Le fossé de décharge doit être *entretenu* par les riverains, chacun au droit de soi, afin d'assurer *l'écoulement et la décharge des eaux qui servent à l'irrigation des prés.* (Art. 15).

Loi des 12-20 Aout 1790

Cette Loi ordonne aux Administrations de département « de diriger enfin, autant » qu'il sera possible, toutes les eaux de leur territoire, vers un but d'utilité générale » d'après les principes de l'irrigation. »

Loi du 14 Floréal An XI — 4 Mai 1803

Cette loi relative au curage des canaux et rivières non navigables et à l'entretien des digues qui y correspondent, est ainsi conçue :

Art. 1er. — Il sera pourvu au curage des canaux et rivières non navigables, et à l'entretien des digues et ouvrages d'art qui y correspondent, de la manière prescrite par les anciens réglements, ou d'après les usages locaux.

Art. 2. — . . . .

AVIS DU CONSEIL D'ÉTAT

du 28 Ventose, An XII -- 19 Mars 1804

SUR LA QUESTION DE SAVOIR

SI LA LOI DU 29 FLORÉAL, AN X, EST APPLICABLE A LA POLICE DES RIVIÈRES NON NAVIGABLES.

Le Conseil d'État est d'avis : que la loi proposée ne peut-être adoptée et que les contraventions au réglement de police sur les rivières non navigables, canaux ou autres petits cours d'eau, doivent, selon les dispositions du Code Civil et les lois existantes, être portées suivant leur nature, *devant les tribunaux de police municipale ou correctionnelle, et les contestations qui intéressent les propriétaires, devant les tribunaux civils*

ARRÊTÉ DU PRÉFET DU PAS-DE-CALAIS

DU 31 MARS 1806

Vu la délibération du conseil municipal de la commune de Camiers, en date du 15 Pluviose, An XIII, tendant à ce que le ruisseau qui alimente l'étang de cette commune soit maintenu dans son ancien lit qu'il a quitté ;

Vu l'avis favorable du Sous-Préfet de Montreuil, du 18 Prairial, An XIII ;

Vu le rapport de l'Ingénieur des Ponts-et-Chaussées de l'arrondissement de Calais, en date du 18 mars dernier, et l'avis de M. l'Ingénieur en chef, du 14 du même mois, portant que l'étang de Camiers ne présente aucun inconvénient pour la salubrité de l'air ;

Que la cause qui rend en général les amas d'eaux stagnantes, susceptible de développer des gaz pernicieux à la santé, n'existe point ici ;

Que le ruisseau de Dannes, qui coule depuis sa source sur un fond de sable de dune, n'apporte point une eau chargée de limon, et que les mouvements continuels des sables qui pressent les bords de cet étang, ne permettent point de végétation dont les décompositions puissent corrompre l'atmosphère ;

Que le cours du ruisseau tel que le propose le Maire de Camiers joint encore à l'avantage d'alimenter l'étang, celui de convertir en prairies assez fertiles, une vaste étendue de terrains qui n'est absolument que sable de dune;

Que ce ruisseau aurait une tendance naturelle à se jeter à la mer, en traversant les prairies qui sont à l'Ouest de son lit et qui, dans presque tout son cours, a besoin d'être contenu par des digues, pour que les eaux ne soient pas perdues, ni pour l'étang qu'il entretient, ni pour les prairies qu'il arrose ;

Que les mesures indispensables à l'entretien de ces digues sont indiquées dans le projet présenté par le Conseil municipal ;

Que ces mesures sont justes et qu'elles sont déjà consacrées par d'anciens réglements, particulièrement par celui de 1788 ; mais qu'il convient d'y ajouter une disposition pour fixer par des plantations aux frais du propriétaire, la dune qui s'appuie contre ce ruisseau à l'endroit où il traverse la propriété du sieur Hecquet, afin d'éviter que cette dune n'encombre le ruisseau et ne le jette à l'est, où il ne pourrait plus servir à l'irrigation des prairies ;

Qu'enfin, il est nécessaire de fixer d'autres dimensions que celles indiquées par le Conseil Municipal, pour la digue qui doit contenir le ruisseau dont il s'agit, pour lui donner le talus reconnu nécessaire et prévenir tous les éboulements ;

Vu le procès-verbal dressé le trois Prairial An XIII, par l'arpenteur Guilbert, constatant que le lit dudit ruisseau a trois cent quatre-vingt-cinq décamètres quarante décimètres de longueur, et trois mètres deux décimètres de largeur, et que les propriétaires riverains sont, savoir :

Sur le Territoire de Dannes.

Au midi, MM. *Antoine Accary, Jean Gosselin, le Jardin du Presbytère, Guilluy, Delaporte, Pannier, Jacques Caffier, François Buzelin, Pierre Dachicourt, François Lemattre, Jacques Plart, Jean-Louis Blondel, Hobel, Louis Lepecquet, Marie-Anne Blondel, Louis Clément ;*

Du Nord, *Guilhuy, Louis Delgove, Lobel, Pierre Hecquet et consorts ;*

D'Orient, *les héritiers Patin, veuve Wadoux, Pierre Wadoux, les héritiers Duminil, Fourdin et consors, et Pierre Lepecquet ;*

D'Occident, *Pierre Hecquet et consors.*

Territoire de Camiers.

D'orient, MM. *Delaporte, de Grammont, Pierre Noël, Florent Fourmanoir, Correux, Quandalle, Correux, Quandalle, De Rocquigny Dufayelle, De Grammont, veuve Nicolas Pochet, madame Quandalle d'Étaples, les sables communs ;*

D'Occident, M. *De Grammont.*

Vu copie du réglement, rendu le 17 mai 1788, par le maître des Eaux-et-Forêts, pour le curage et l'entretien du ruisseau de Dannes à Camiers, lequel charge les propriétaires riverains dudit ruisseau de le curer, chacun en droit soi, et de faire des digues le long de leurs terres.

Le général de brigade, Préfet du Pas-de-Calais, considérant que la mesure proposée par le Conseil Municipal de Camiers est d'utilité publique, favorable à l'agriculture et conforme aux anciens réglements relatifs à l'objet :

ARRÊTE

Article 1er.

Le ruisseau de Dannes sera maintenu dans son ancien lit et continuera à couler depuis le vivier de Dannes jusqu'à l'étang de Camiers.

Article 2.

Il sera contenu dans son cours par une digue de 1 m. 30 c. de hauteur sur 5 m.

20 c. de base, et 1 m. 95 c. d'inclinaison pour les talus, ce qui donne un cube de 4 m. 25 c. par mètre courant, depuis le pré de M. Quandalle jusqu'à la *Planche des Matelots* (1).

ARTICLE 3.

L'entretien de cette digue et le curement du ruisseau seront à la charge des riverains de l'un et l'autre bord, et comme depuis la *Planche des Matelots* jusqu'à l'étang, le ruisseau coule sur une garenne commune, l'entretien de son lit, en cet endroit, sera à la charge de la commune de Camiers, et l'on observera à cet égard, le mode prescrit par l'arrêté du 30 Prairial, AN XIII, sur les chemins vicinaux.

ARTICLE 4.

Le sieur Hecquet, et après lui le propriétaire de la dune qui s'appuie contre le lit du ruisseau, où il traverse sa propriété, sera tenu de maintenir cette dune par des plantations.

ARTICLE 5.

L'Ingénieur en chef est prié de surveiller la construction et l'entretien des digues de ce ruisseau, ainsi que les plantations prescrites par l'article précédent.

Les maires de Dannes et de Camiers lui rendront compte, ainsi qu'au Sous-Préfet, des informations, délits ou négligence qui auraient lieu à cet égard.

ARTICLE 6.

La digue, depuis le vivier de Dannes jusqu'au pré de M. Quandalle, sera également entretenu par les propriétaires riverains.

---

(1). *PROFIL RÉSULTANT DE CE RÉGLEMENT*

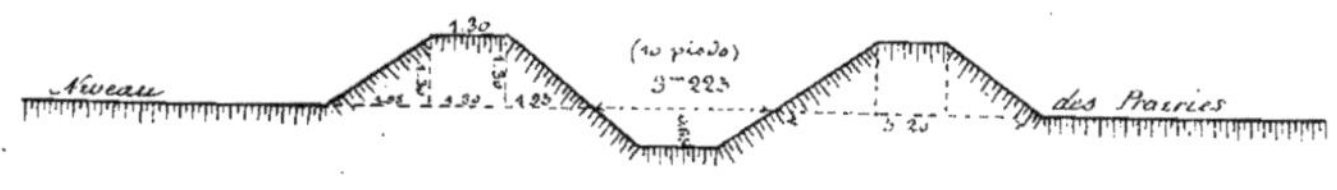

Article 7.

Les maires de Dannes et de Camiers, sont chargés de tenir la main à l'exécution du présent arrêté, auquel effet il leur en sera adressé des expéditions.

Pour extrait conforme, pour le Sous-Préfet de Montreuil,

Le Secrétaire général, *signé* : BERGAIGNE.

Pour copie conforme, adressé à M. le Maire de la commune de Camiers,

Le Sous-Préfet de Montreuil,

Signé : POULTIER.

ARRÊT DE LA COUR DE DOUAI

28 MAI 1840

Procès intenté par M. De Rocquigny, propriétaire sur le territoire de Camiers, — contre les propriétaires du Platon Aubin et du blanc Naset, sur le territoire de Dannes.

Les conclusions de la Cour sont tout simplement l'expression du réglement de 1788.

En outre la Cour dit : Que le réglement de 1788, établit un partage égal des eaux du ruisseau de Dannes entre les habitants de cette commune et ceux de Camiers, pour l'irrigation de leurs propriétés depuis le 1er mars jusqu'au mois de septembre de chaque année ; qu'après le temps fixé pour le flottage, nul n'a le droit de disposer des eaux de ce ruisseau jusqu'à ce qu'il en ait été autrement décidé par l'autorité compétente.

Sur la demande formée le 7 novembre 1850, par M. Abel SÉGUIN, propriétaire à Hesdin-l'Abbé, de détourner une partie des eaux du ruisseau de Dannes à Camiers, pour l'amélioration de sa propriété.

AVIS DU CONSEIL MUNICIPAL DE DANNES

En sa délibération du 22 Décembre 1850.

A l'unanimité, le Conseil municipal de la commuue de Dannes émet un avis très-favorable à la demande de M. Séguin, à la condition que tous les propriétaires des prés situés en la commune de Dannes pourront se servir des eaux, concurremment avec lui, selon leurs besoins, comme d'habitude, c'est-à-dire d'après l'usage qui existe depuis plusieurs années.

AVIS DU CONSEIL MUNICIPAL DE CAMIERS

En sa deliberation du 21 Fevrier 1851

Le Conseil, ayant mûrement délibéré, émet à l'unanimité l'avis suivant :

Il est de la plus grande urgence et du plus grand intérêt pour la commune de Camiers, que la demande de M. Séguin soit rejetée au plus tôt.

En effet, pendant l'hiver, époque des grands coups de vents, les propriétés voisines des garennes sont sans cesse menacées de l'envahissement des sables ; lorsque ces sables commencent à s'amonceler, ils sont entraînés vers la mer par les eaux dont M. Séguin veut s'emparer et qu'il a de plus, mis à exécution depuis le mois de novembre dernier. — Si cette ressource est enlevée à la commune, il est notoire pour quiconque connaît les localités que les propriétés riveraines sont perdues.

Outre ce grave inconvénient, la commune perdrait encore l'avantage de faire flotter ses prés en hiver, ainsi que cela se pratique, malgré les assertions contraires de M. Séguin. Enfin ses prétentions ont déjà été soulevées et elles ont toujours été écartées par les sentences des 23 mars 1771, 17 mai 1788, l'Arrêté de M. le Préfet du Pas-de-Calais, du 31 mars 1806 et l'Arrêt de la Cour de Douai, du 28 mars 1840, qui ont fixé définitivement le droit des parties ;

Par ces motifs : Le Conseil est d'avis formel que la demande du pétitionnaire doit être écartée et supplie instamment M. le Préfet de confirmer de nouveau les sentences et arrêts ci-dessus visés.

Pour extrait conforme,

Le Maire de Camiers,

Signé : MASSON.

L'administration supérieure a été d'avis de faire droit de la demande de l'intéressé, dans la limite du possible ; se basant sur les principes établis par la Cour de Douai, en son arrêt du 28 mars 1840 où il est dit qu'au cas il serait vrai « que ces eaux (les eaux du ruisseau) » peuvent même hors le temps de flottage fixé par les réglements existants, être utilement » employées dans l'intérêt de l'agriculture, sans dommage pour l'intérêt public ; à l'adminis- » tration seule il appartient de le décider ; d'ordonner, le cas échéant, une nouvelle réparti- » tion des eaux de ce ruisseau et d'en réglementer l'usage. »

La Décision suivante a été prise :

16 MAI 1855.

ARRÊTÉ DU PRÉFET DU PAS-DE-CALAIS

Le Préfet du Pas-de-Calais, Officier de l'Ordre Impérial de la Légion d'honneur,

Vu la demande du sieur Abel SéGUIN, propriétaire à Hesdin-l'Abbé, tendant à obtenir l'autorisation de faire dériver pendant l'hiver une partie des eaux du ruisseau de Dannes à Camiers, dit du Rieux, pour l'amélioration d'une garenne qu'il possède dans la commune de Dannes.

Vu les pièces de l'instruction à laquelle la demande a été soumise, conformément aux dispositions de la circulaire ministérielle du 19 Thermidor An VI et notamment : Les procès-verbaux des enquêtes ouvertes les 22 décembre 1850, 28 janvier 1851 et 1er février 1855 ; ensemble les observations et réclamations produites pendant ces enquêtes ;

Le procès-verbal de la visite des lieux et les rapports dressés par MM. les Ingénieurs des Ponts-et-Chaussées, les 14 novembre 1850, 2 septembre 1851, 28 décembre 1854 et 13 avril 1855 :

Le plan figuratif des cours d'eau ;

Les sentences de la Maîtrise particulière des Eaux-et-Forêts du Boulonnais, en date du 25 mars 1771 et 17 mai 1788 ;

L'arrêté du Préfet du Pas-de-Calais du 31 mars 1806 ;

La délibération des Conseils municipaux des communes de Dannes et de Camiers en date des 20 décembre 1850 et 21 février 1851 ;

Les divers documents communiqués par la compagnie du Chemin de fer d'Amiens à Boulogne ;

L'arrêt de la Cour de Douai, en date du 28 mars 1840 ;

Vu les avis de M. le Sous-Préfet de Boulogne, en date des 24 juin 1851 et 7 mars 1855 ;

Vu la loi du 12-20 août 1790, qui donne aux administrations départementales le droit de diriger autant que possible, toutes les eaux de leur territoire vers un but d'utilité générale d'après les principes de l'irrigation,

ARRÊTE

ARTICLE 1er.

Du premier septembre au premier mars, les propriétaires des deux communes de Dannes et de Camiers, pourront alternativement, et de huitaine en huitaine, (1) user pour les besoins de l'agriculture, des eaux du ruisseau de Dannes à Camiers, de la manière dont ils conviendront entre eux dans chaque commune, sauf à l'Administration à intervenir dans le cas où ils ne s'entendraient pas, et à la condition de les rendre à leur lit actuel.

ARTICLE 2.

Toutefois, les propriétaires de l'une ou l'autre commune qui, par la situation des lieux, se trouveraient dans l'impossibilité absolue de les rendre à leur cours actuel, pourront user des eaux du ruisseau mais seulement jusqu'à concurrence de l'excédent de leur volume, sur un volume correspondant à un débit de cent litres à la seconde.

Le maintien de ce dernier volume d'eau dans le lit du ruisseau sera assuré par un ouvrage de distribution établi aux frais de l'usager dans des conditions de constructions arrêtées sur sa demande par l'autorité préfectorale.

ARTICLE 3.

MM. les Sous-Préfets de Boulogne et de Montreuil et M. l'Ingénieur en chef du département, sont chargés chacun en ce qui le concerne, d'assurer l'exécution du présent arrêté.

Fait à Arras, le 16 mai 1855.

Signé : L. DE TANLAY.

Pour expédition conforme adressée à M. le Sous-Préfet de Boulogne,

POUR LE SECRÉTAIRE GÉNÉRAL,
Le Conseiller de Préfecture délégué,
Signé : CHARVET.

Pour copie conforme,
Le Sous-Préfet,
Signé : MENCHE DE LOISNE.

---

(1). Le mot *huitaine* est encore le terme employé par l'article 1er de l'arrêté préfectoral de 1855 — M. l'Ingénieur en chef des Ponts-et-Chaussées du département étant chargé de l'exécution de l'arrêté dont s'agit, il est de toute nécessité que ce fonctionnaire connaisse les huitaines pendant lesquelles les habitants de Dannes et de Camiers peuvent user des eaux pour les besoins de l'agriculture, afin que ses agents puissent constater les infractions audit arrêté, s'il s'en commet.

Elles sont naturellement indiquées par les articles 11 et 13 de la sentence du 17 mai 1788, et il n'y a aucun motif pour intervertir l'ordre adopté.

Le chiffre 8, joue donc le rôle de multiple dans toutes les décisions prises pour la réglementation et la distribution des eaux entre Dannes et Camiers. — Or, divisant chaque mois en quatre huitaines, les habitants de Dannes jouiront du bénéfice des eaux d'irrigation pendant la 1re et la 3e huitaine et les habitants de Camiers, pendant la 2e et la 4e huitaine ; et les dates des reprises périodiques, continueront d'être le 8, 16, 24 et 1ers de chaque mois.

DÉCRET DU 8 MAI 1861

Ce décret place *exclusivement* la police, le curage et l'amélioration de cette nature de cours d'eau, dans les attributions du ministre des travaux publics.

NISTÈRE
DES
/AUX PUBLICS

:PARTEMENT
DU
-DE-CALAIS

RUISSEAU
DANNES
—
COMMUNE
CAMIERS

RÉGLEMENT D'EAU

ÉTANG DE CAMIERS

Arrêté du Préfet du Pas-de-Calais du 15 Octobre 1873.

Le Préfet du département du Pas-de-Calais, vu la pétition présentée par M. le Maire de la commune de Camiers, tendant à obtenir la réglementation de la retenue de l'Etang dit du roi, établi dans la commune de Camiers, sur le ruisseau de Dannes;

Vu les pièces de l'instruction régulière à laquelle l'affaire a été soumise, conformément aux circulaires du 19 Thermidor, An VI, 16 novembre 1834 et 23 octobre 1851, et notamment:

Les procès-verbaux des enquêtes ouvertes du 1er janvier 1873 au 21 du même mois et ensemble les observations et réclamations produites pendant ces enquêtes.

Le procès-verbal de visite des lieux en date du 3 juillet 1873 et les rapports dressés par les ingénieurs des Ponts-et-Chaussées les 22 juillet et 11 août 1873, 6 et 8 octobre 1873;

Le plan des lieux et les profils annexés;

Vu les lois du 20 août 1790, 6 octobre 1791 et l'arrêté du gouvernement du 9 mars 1798 (19 Ventôse An VI;

Vu le décret du Prince-Président de la République, en date du 25 mars 1852, sur la décentralisation administrative;

Vu les sentences de la Maîtrise particulière des Eaux et Forêts du Boulonnais, en date du 23 mars 1771 et 17 mai 1788,

ARRÊTE:

Article 1er.

M. De Rocquigny Auguste, propriétaire à Camiers est autorisé à maintenir la retenue de l'Etang dit du Roi, sous les conditions suivantes:

ARTICLE 2.

Le niveau légal de la retenue est fixé à 0m 813 millimètres en contre-bas de l'intrados de la voûte de l'aqueduc sous le chemin vicinal n° 41, point pris pour repère provisoire

ARTICLE 3.

Les ouvrages régulateurs se composeront, à l'entrée de chaque fossé de décharge de deux vannes ayant chacune 0m 65 de hauteur et 1m 00 de largeur.

ARTICLE 4.

Le propriétaire de l'étang sera tenu d'entretenir constamment en bon état les deux fossés avec les dimensions suivantes :

Profondeur : 0m,65.
Largeur au plafond : 2m.
Largeur en gueule : 3m 50 (1).

ARTICLE 5.

Tous les ouvrages établis pour l'irrigation, pour retenir le poisson ou pour le passage, devront présenter entre parements la largeur de deux mètres et le radier ne fera pas saillie sur le fond du cours d'eau.

Les appareils destinés à retenir le poisson seront tels qu'ils ne puissent entraver l'écoulement des eaux.

L'administration pourra prescrire l'enlèvement de ceux qui ne rempliraient pas cette condition.

ARTICLE 6.

Les deux repères dont il est question dans l'article 7, ci-après, seront formés d'une con-

---

(1) *PROFIL DU RUISSEAU D'APRÈS CE RÈGLEMENT*

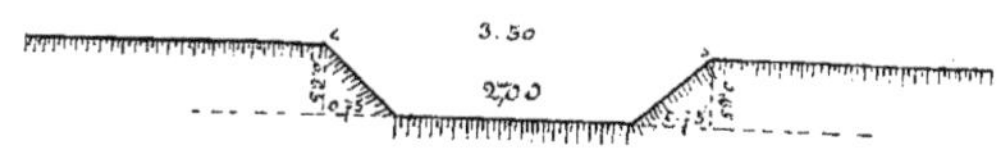

sole en grès de vingt-cinq centimètres (0,25) d'équarrissage, engagée de soixante centimètres (0,60) dans la maçonnerie, sur le parement de laquelle elle fera saillie de dix centimètres (0,10); les faces en seront bien planes, et taillées à la fine pointe. La face supérieure en sera de niveau et c'est elle qui formera repère.

L'un des repères sera placé sur le parement du barrage situé auprès de la maison du propriétaire, l'autre engagé dans la maçonnerie de l'aqueduc du chemin de grande communication n° 41.

Article 7.

Un repère du modèle adopté dans le département sera posé près du barrage en un point qui sera désigné par l'Ingénieur de manière à être visible par les tiers intéressés sans entrer dans la propriété du permissionnaire. Ce repère dont le zéro indiquera seul le niveau légal de la retenue, devra toujours rester accessible aux agents de l'administration qui ont qualité pour vérifier la hauteur des eaux.

Le permissionnaire ou son fermier sera responsable de la conservation du repère définitif.

Article 8.

Dès que les eaux dépasseront le niveau légal de la retenue, le permissionnaire ou ses fermiers seront tenus de lever les vannes de décharge pour maintenir les eaux à ce niveau, et de les ouvrir au besoin en totalité. Ils seront responsables de la surélévation des eaux, tant que leurs vannes ne seront pas levées à toute hauteur.

En cas de refus ou de négligence de leur part d'exécuter cette manœuvre en temps utile, il y sera procédé d'office et à leurs frais, à la diligence du maire de la commune, et ce, sans préjudice de l'application des dispositions pénales dont ils seraient passibles, ou de toute action civile qui pourrait leur être intentée à raison des pertes et dommages résultant de ce refus ou de cette négligence.

Article 9.

Toutes les fois que la nécessité en sera reconnue et qu'ils en seront requis par l'autorité administrative, le permissionnaire ou ses fermiers seront tenus d'effectuer le curage à vif fond du bief de la retenue dans toute l'amplitude du remous, sauf l'application des règlements ou des usages locaux, et sauf le concours qui pourrait être réclamé des riverains suivant l'intérêt que ceux-ci auraient de l'exécution de ce travail.

Lesdits riverains pourront d'ailleurs, lorsque le bief ne sera pas la propriété exclusive des permissionnaires, opérer, s'ils le préfèrent, le curage eux-mêmes et à leurs frais, chacun en droit soi et dans la moitié du lit du cours d'eau.

ARTICLE 10.

Le permissionnaire sera tenu de se conformer à tous les réglements intervenus ou à intervenir, le mode de distribution et le partage des eaux.

ARTICLE 11.

Les droits des tiers sont et demeurent expressément réservés.

ARTICLE 12.

Les travaux ci-dessus prescrits seront exécutés sous la surveillance des ingénieurs; ils devront être terminés dans le délai de trois mois à dater de la notification du présent arrêté.

A l'expiration du délai ci-dessus, l'ingénieur rédigera un procès-verbal de récolement aux frais du permissionnaire, en présence de l'autorité locale et des parties intéressées dûment convoquées.

Si les travaux sont exécutés conformément à l'arrêté d'autorisation, ce procès-verbal sera dressé en deux expéditions. L'une de ces expéditions sera déposée aux archives de la préfecture, la seconde à la mairie du lieu.

ARTICLE 13.

Faute par le permissionnaire de se conformer, dans le délai fixé, aux dispositions prescrites, l'Administration se réserve, suivant les circonstances, de prononcer la déchéance du permissionnaire ou de mettre son usine en chômage, et, dans tous les cas, elle prendra les mesures nécessaires pour faire disparaître aux frais du permissionnaire, tout dommage provenant de son fait, sans préjudice de l'application des dispositions pénales relatives aux contraventions en matière de cours d'eau.

Il en sera de même dans le cas où, après s'être conformé aux dispositions prescrites, le permissionnaire formerait quelque entreprise nouvelle ou changerait l'état des lieux sans y être préalablement autorisé.

ARTICLE 14.

Le permissionnaire ou son fermier ne pourront prétendre à aucune indemnité ni dédommagement quelconque si, à quelque époque que ce soit, dans l'intérêt de la police et de la répartition des eaux des mesures qui les privent d'une manière temporaire ou définitive de tout ou partie des avantages résultant de la présente autorisation, tous droits antérieurs réservés.

ARTICLE 15.

M. le Sous-Préfet de Montreuil et M. l'Ingénieur en chef du département sont chargés d'assurer chacun en ce qui le concerne, l'exécution du présent arrêté.

Fait à Arras, le 15 octobre 1873.

Le Préfet,
Signé : COMTE DE RAMBUTEAU.

COMMUNE DE CAMIERS

RÉGLEMENTATION ET DISTRIBUTION DES EAUX D'IRRIGATION, ENTRE PROPRIÉTAIRES RIVERAINS.

CONVENTION

L'An mil huit cent soixante-dix-sept, le vingt-sept février,

Les soussignés propriétaires et occupeurs de prés sur le territoire de la commune de Camiers, le long du ruisseau de Dannes :

Etaient présents :

MM. Paul de ROCQUIGNY, représentant M. Auguste de ROCQUIGNY son père ;
MASSON, occupeur, représentant M. DUBRULLE ;
PAGNIÉ, représentant M. BILLIET ;
NOREL, Honoré ;
POCHOL-NOREL ;

Lesquels réunis sur la convocation de M. Masson, occupeur et maire de Camiers, en la mairie du lieu ;

Voulant obtenir entre eux une réglementation et une distribution uniforme des prises d'eau pour l'irrigation de leurs prairies, en conformité de l'article 13 de la sentence du 17 mai 1788 et de l'article 1er de l'arrêté du 16 mai 1855, — ont décidé ce qui suit à l'unanimité :

1° Les eaux seront partagées par moitié entre les riverains de la rive droite et ceux de la rive gauche du ruisseau.

2° Les propriétaires de la rive gauche prendront les eaux pendant la première moitié de la première huitaine et pendant la deuxième moitié de la deuxième huitaine. Il est fait exception de la propriété dite des *communes*, sur la rive gauche, appartenant à M. De Rocquigny, laquelle doit flotter avec la rive droite.

3° M. De Rocquigny, seul propriétaire de la rive droite, prendra les eaux pendant la deuxième moitié de la première huitaine et pendant la première moitié de la deuxième huitaine et ainsi de suite.

4° Il est expressément convenu entre eux que l'on fera usage des buses en poterie ou de dalots en bois, de sept centimètres de côté ou de diamètre et qu'il en sera placé le long de la rive, sous les digues, trois par quarante-trois ares de contenance occupée ou irriguée.

5° Qu'aussi, M. Norel, Honoré, aura droit à quatre dalots ; M. Pocholle-Norel. à quatre, et M. Norel-Wacogne, également quatre.

M. De Rocquigny en placera quatre, M. Dubrulle trente-six et M. Billiet douze. En tout, 64 dalots.

6° Dans le cas où les eaux viendraient à manquer, soit à cause de la trop grande absorption produite par la sécheresse, soit par d'autres causes et alors que l'eau du ruisseau pendant la huitaine de Camiers ne coulera plus que jusqu'aux deux tiers de la distance comprise entre le premier pré de Camiers et l'Etang du Roi, les riverains de la rive gauche se répartiront les eaux en fermant selon le cas, le quart ou la moitié des dalots, de manière que tous flottent en même temps.

Et sera, la présente convention, exécutée dans le délai de quinzaine, après laquelle l'Agent des Ponts-et-Chaussées du service ordinaire, demeurant à Etaples, et le garde-champêtre de la commune, sont chargés d'assurer l'exécution des prescriptions qu'elle contient, par toutes les voies de droit.

Et ont signé, tous les occupeurs et propriétaires, séance tenante.

Est Signée : MASSON,

Paul de ROCQUIGNY.

POCHOL-NOREL.

NOREL.

PANIÉ.

Le Maire de la commune de Camiers ;

Vu la convention passée entre les propriétaires riverains du ruisseau de Dannes ayant pour but de réglementer, sur le territoire de Camiers, la distribution des eaux pour l'irrigation de leurs prairies;

Vu l'article 13 de la sentence du 17 mai 1788 ;

Vu l'article premier de l'arrêté préfectoral du 16 mai 1855 ;

Attendu qu'il s'agit de mesure d'ordre et d'intérêt public ;

ARRÊTE

ARTICLE 1er.

Est approuvée la convention passée le 27 février 1877, entre les propriétaires de Camiers riverains du ruisseau de Dannes réglementant le mode et la distribution des eaux d'irrigation.

ARTICLE 2.

Ladite convention sera déposée aux archives de la mairie.

ARTICLE 3.

M. le Conducteur ou agent cantonal du service ordinaire des Ponts-et-Chaussées demeurant à Etaples, et le garde-champêtre de la commune, sont chargés de l'exécution des prescriptions de ladite convention.

Fait à Camiers, le 28 février 1877.

Le Maire : MASSON.

TABLE

MONTREUIL-SUR-MER

IMPRIMÉ CHEZ JULES BECQUART, ÉDITEUR

88, GRANDE-RUE, 88

Le six Août, Mil huit cent soixante-dix-sept.

www.ingramcontent.com/pod-product-compliance
Ingram Content Group UK Ltd.
Pitfield, Milton Keynes, MK11 3LW, UK
UKHW021030200726
13857UKWH00004B/1690

9 782012 946453